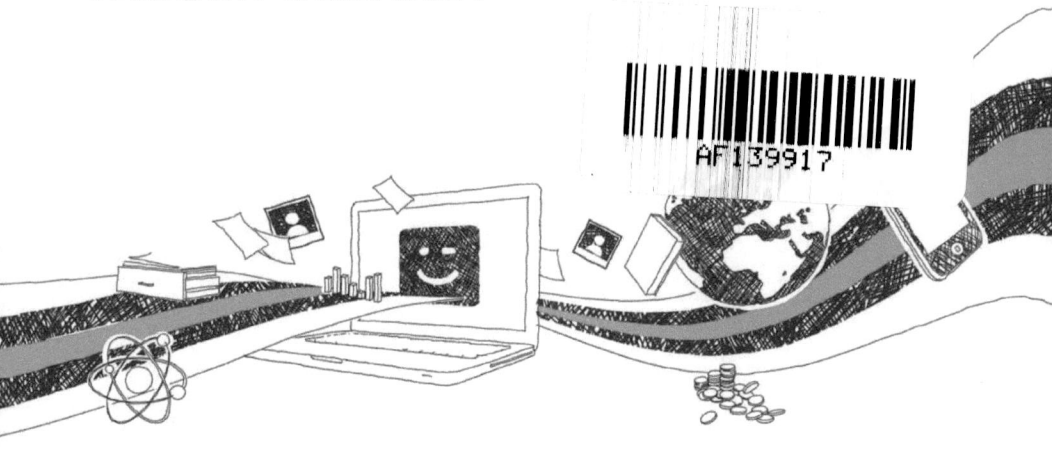

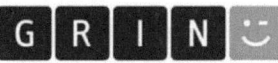

Bibliografische Information der Deutschen Nationalbibliothek:

Die Deutsche Bibliothek verzeichnet diese Publikation in der Deutschen Nationalbibliografie; detaillierte bibliografische Daten sind im Internet über http://dnb.d-nb.de/ abrufbar.

Impressum:

Druck und Bindung: Books on Demand GmbH, Norderstedt Germany
ISBN: 9783668276772

Dieses Buch bei GRIN:

http://www.grin.com/de/e-book/337694/erstellung-eines-bgm-interventionskonzeptes-fuer-ein-musterunternehmen

Florian Schweer

Erstellung eines BGM-Interventionskonzeptes für ein Musterunternehmen

Betriebliches Gesundheitsmanagement

GRIN Verlag

Erstellung eines BGM-Interventionskonzeptes für das Unternehmen Muster GmbH

Florian Schweer

Inhaltsverzeichnis

1 Zusammenfassung Analyse

1.1 Krankenstand & Arbeitsunfälle

1.1.1 Krankenstand

1.1.1.1 Definition

Der Krankenstand ist eine wichtige betriebliche Kennzahl für Arbeitsunfähigkeitstage bei Beschäftigten. Er gibt den Anteil der Erkrankungszeit an der gesamten eigentlichen Arbeitszeit an und bezieht sich auf einen einzelnen Beschäftigten, eine Abteilung oder einen ganzen Betrieb.

Zur Ermittlung des Krankenstandes existiert kein allgemein akzeptiertes Verfahren, unterschiedliche Berechnungsformeln haben eine lange Tradition (Brandenburg & Nieder, 2003, S. 26). In der betrieblichen Praxis werden die Arbeitsunfähigkeitstage häufig in Relation zu den Soll-Arbeitstagen gesetzt. Die Krankenkassen hingegen vergleichen die Arbeitsunfähigkeitstage normalerweise mit 365 und somit der Anzahl Tage eines Jahres. Diese unterschiedlichen Berechnungsgrundlagen führen zu einer schwierigen Vergleichbarkeit der Krankenstände und müssen deshalb beim Vergleichen unbedingt berücksichtigt werden.

Der Krankenstand lässt sich außerdem in den Krankenstand innerhalb der Lohnfortzahlung (1. bis 42. Tag) und jenen außerhalb der Lohnfortzahlung (ab dem 42. Tag) unterteilen. In den ersten 42 Tagen der Arbeitsunfähigkeit hat der Arbeitnehmer Anspruch auf 100% seines Lohnes. Führt dieselbe Krankheit wiederholt zum Arbeitsausfall, so wird die bisherige Arbeitsunfähigkeit auf den Entgeltfortzahlungsanspruch aufgerechnet (Bundesministerium der Justiz und Verbraucherschutz, 1994)

1.1.1.2 Analyse

Tab. 1: Krankenstände 2010/11 der Muster GmbH im Branchenvergleich und im bundesweiten Vergleich

	Muster GmbH	Branche	Bundesweit
2010	6.5%	5.2%	3.7%
2011	6.9%	5.3%	3.8%

Der Krankenstand im Unternehmen Muster GmbH betrug im Jahr 2010 6.5% und stieg im darauffolgenden Jahr auf 6.9% an, wobei dabei 4.7% auf innerhalb und 2.2% auf außerhalb der Lohnfortzahlung entfielen. Der Anteil des Letzteren am gesamten Krankenstand beträgt somit 31.9%.

Bundesweit betrug der Krankenstand über alle Versicherte hinweg im Jahr 2010 3.69% und im Jahr 2011 3.82% (Bundesministerium für Gesundheit, 2014), womit der Krankenstand der Muster GmbH deutlich höher ist. Auch bei der Differenzierung zwischen Krankenständen mit und ohne Lohnfortzahlung kann ein erheblicher Unterschied im Vergleich zum bundesweiten Mittelwert festgestellt werden. So betrug der Anteil der Krankenstände mit Lohnfortzahlungspflicht am gesamten Krankenstand bundesweit 51.7% (Techniker Krankenkasse, 2012, S. 71). in der Muster GmbH 68.1%. Der Anteil des Krankenstandes innerhalb der Lohnfortzahlungspflicht am gesamten Krankenstand ist bei der Muster GmbH im bundesweiten Vergleich somit ungleich höher, was für einen hohen Anteil an kurzen Arbeitsunfähigkeitsfällen spricht.

Auch im Branchenvergleich sind die Krankenstände der Muster GmbH eher hoch: 2010 betrug der Krankenstand der Bau-, Bauneben- und Holzberufe 5.24% (Techniker Krankenkasse, 2012, S. 143), im Jahr 2011 5.34%.

Da die Daten des Bundesministeriums genauso wie jene der Techniker Krankenkasse aber auf Krankenkassendaten beruhen, ist von einer eher schlechten Vergleichbarkeit aufgrund unterschiedlicher Berechnungsmethoden auszugehen (siehe Kapitel 1.1.1.1). Trotzdem darf angenommen werden, dass die Krankenstände der Muster GmbH sicherlich im bundesweiten Vergleich, aber auch im Branchenvergleich eher hoch sind.

1.1.2 Arbeitsunfälle

1.1.2.1 Definition

Die Anzahl der Arbeitsunfälle wird absolut angegeben. Zum quantitativen Vergleich von Arbeitsunfällen wird häufig die 1'000-Mann-Quote berechnet. Diese gibt die Zahl der meldepflichtigen Arbeitsunfälle pro 1'000 Vollzeitbeschäftigte an (Elke, 2000, S. 28) und betrug in der Muster GmbH im Jahr 2010 34.

1.1.2.2 Analyse

Mittels der bundesweit meldepflichtigen absoluten Zahl der Arbeitsunfälle und der Anzahl der bundesweit Vollbeschäftigen lässt sich für das Jahr 2010 eine bundesweite 1'000-Mann-Quote von 27.4 berechnen (BAUA, 2011, S.34), womit sich die Quote der Muster GmbH klar darüber befindet.

Die Quote der Berufsgenossenschaft Holz betrug im Jahr 2010 jedoch 60.3, womit die Muster GmbH im Branchenvergleich gut abschließt (BAUA, 2011, S.92). Allerdings ist ein Vergleich mit der Berufsgenossenschaft Holz schwierig, da sich die Muster GmbH ausschließlich mit der Holzverarbeitung im Sinne der Holzmöbelproduktion beschäftigt und deshalb davon auszugehen ist, dass dabei aufgrund eines geringeren Unfallrisikos weniger Unfälle geschehen als in einem früheren Prozess der Holverarbeitung, beispielsweise im Forstbetrieb.

1.2 Gefährdungsbeurteilung

1.2.1 Verfahren nach Nohl

Um im Rahmen der Gefährdungsbeurteilung das Risiko einer Gefährdung am Arbeitsplatz einschätzen zu können, wird aktuell das „Verfahren nach Nohl" als Standardverfahren angewendet. Es stellt dabei das klassische Verfahren der Risikomatrix dar. Dabei wird der Handlungsbedarf zur Risikominderung aufgrund der beiden Parameter „Schadensschwere" und „Wahrscheinlichkeit des Wirksamwerdens der Gefährdung" eingeschätzt. Für die Einschätzung der Schadensschwere wird die Verletzungsschwere bei Unfallfolgen oder Schwere der Erkrankung verwendet. Die Einteilung erfolgt in vier Kategorien: leichte, mittelschwere, schwere Verletzungen oder Erkrankungen sowie Tod oder Katastrophe. Der Parameter der Wahrscheinlichkeit des Wirksamwerdens der Gefährdung ist ebenfalls in vier Gruppen eingeteilt: Die Spanne geht von sehr gering über gering, mittel bis hoch. Die Risikoeinschätzung erfolgt in drei Gruppen: gering, signifikant und hoch. Ab einer Einstufung für ein signifikantes Risiko sind Maßnahmen zur Risikominderung angezeigt, bei einer Einstufung für ein hohes Risiko sind diese zwingend erforderlich. Kein Handlungsbedarf ist nur bis zur Parameterkombination sehr geringe Eintrittswahrscheinlichkeit/mittelschwere Verletzung bzw. geringe Eintrittswahrscheinlichkeit/leichte Verletzung erforderlich (Nohl & Thiemecke, 1988a).

Tab. 2: Risikomatrix nach Nohl (eigene Darstellung nach Nohl & Thiemecke, 1988a)

Mögliche Schadensschwere / Wahrscheinlichkeit	Leichte Verletzungen oder Erkrankungen	Mittelschwere Verletzungen oder Erkrankungen	Schwere Verletzungen oder Erkrankungen	Möglicher Tod, Katastrophe
Sehr gering	1	2	3	4
Gering	2	3	4	5
Mittel	3	4	5	6
Hoch	4	5	6	7

Tab. 3: Erläuterung zu Maßzahlen und Risiko (eigene Darstellung nach Nohl & Thiemecke, 1988a)

Maßzahl	Risiko	Beschreibung
1-2	Gering	Handlungsbedarf zur Risikominderung ist nicht erforderlich
3-4	Signifikant	Handlungsbedarf zur Risikominderung ist angezeigt
5-7	hoch	Handlungsbedarf zur Risikominderung ist dringend erforderlich

1.2.2 Analyse

Die Gefährdungsbeurteilung wurde zum jetzigen Zeitpunkt nur für den Bereich Logistik durchgeführt. Diese ergab für den Arbeitsplatz „Kommissionierung Großmöbel“ einen Nohl-Wert von 4-5, für die „Kommissionierung Kleinmöbel“ 3, den „Transport allgemein“ 3-4 und für den „Versand“ einen Nohl-Wert von 4.

Vergleicht man diese Resultate mit den Erläuterungen aus der Tab. 2, ist das Risiko beim Arbeitsplatz „Kommissionierung Großmöbel“ hoch und es besteht dringender Handlungsbedarf zur Risikominderung. Bei den restlichen Arbeitsplätzen ist das Risiko signifikant und Handlungsbedarf ist angezeigt.

Die Analyse der Gefährdungsbeurteilung hat somit ergeben, dass im Bereich Logistik angezeigter bis dringender Handlungsbedarf zur Risikominderung besteht. Leider ist aufgrund der Darstellungsweise der Analyseergebnisse nicht erkennbar, um welche Gefährdungen es sich an den einzelnen Arbeitsplätzen genau handelt.

1.3 Mitarbeiterbefragung

Wie die Gefährdungsbeurteilung wurde die Mitarbeiterbefragung nur für den Bereich Logistik durchgeführt. Folgende fünf Punkte sind erwähnenswert:

1.3.1 Altersverteilung

49% der Beschäftigten im Bereich Logistik sind zwischen 40 und 49 Jahre alt, 22% sind über 50 Jahre alt. Der Anteil der jüngeren Arbeitnehmer (<40 Jahre alt) ist mit 29% vergleichsweise gering. Somit sind im Bereich Logistik 71% älter als 40 Jahre und scheiden somit spätestens in 25 bis 30 Jahren altersbedingt aus dem Betrieb aus. In Bezug auf den gesamten Betrieb beträgt diese Zahl 63%. Es kann somit festgehalten werden, dass im ganzen Betrieb, insbesondere aber in der Abteilung Logistik, die Gefahr der Überalterung der Belegschaft vorherrscht.

Besondere Beachtung gilt es den 40-49 jährigen Beschäftigten zu schenken, denn sie machen fast die Hälfte der Beschäftigten im Bereich Logistik aus. Diese Arbeitnehmer sind schon seit mehr als 20 Jahren im Arbeitsprozess und müssen bis zur Rente mit Sicherheit noch 20 Jahre in diesem verbleiben. Häufig machen sich in diesem Alter die ersten altersbedingten Beschwerden oder sogar Krankheitsbilder bemerkbar, weshalb davon auszugehen ist, dass Maßnahmen im Bereich des BGM gerade in dieser Alterskategorie einen hohen Nutzen für das Unternehmen und die Mitarbeiter selbst haben.

1.3.2 Beschwerden

Die beiden häufigsten Nennungen im Bereich der Beschwerden betreffen den Muskel-Skelett-Apparat: 54% der Befragten und somit mehr als die Hälfte gaben an, häufig unter Rückenschmerzen zu leiden. Die zweithäufigste Nennung waren mit 43% Verspannungen/Verkrampfungen. Danach folgen, mit einigem Abstand, mit Müdigkeit/Abgeschlagenheit (31%) sowie Nervosität/Unruhe (27%) zwei psychische Beschwerdebilder.

Beschwerden am Bewegungsapparat sowie psychische Beeinträchtigungen prägen somit das Beschwerdebild der Angestellten und sollten im Zentrum gesundheitsfördernder Maßnahmen stehen.

1.3.3 Zufriedenheit, Entscheidungsspielraum und soziale Unterstützung

Die Auswertung der Arbeitnehmerzufriedenheit hat mit einem Mittelwert von 4.5 nur eine geringe Zufriedenheit ergeben. Dies lässt einen Zusammenhang mit den negativen Beurteilungen zum Entscheidungsspielraum (Mittelwert 2.9) sowie der sozialen Unterstützung durch Vorgesetzte (Mittelwert 2.6) vermuten.

1.3.4 Potentiale

Vor dem Hintergrund der negativen Beurteilung der Zufriedenheit, des Entscheidungsspielraumes sowie der sozialen Unterstützung sind die Einschätzungen zu den möglichen Potentialen interessant. Dabei wurde mit 41% mehr Hygiene in den sanitären Anlagen genannt, gefolgt von einer besseren Arbeitsorganisation (40%), besserem Führungsverhalten (38%) sowie einer anderen Arbeitsplatzgestaltung (37%).

1.3.5 Belastungen

Als „stark belastet“ wurden folgende Punkte am häufigsten genannt (absteigende Reihenfolge):

- Zugluft/Kälte
- Schwere Hebearbeiten, körperlich schwere Arbeit
- Häufiger Wechsel zwischen Wärme und Kälte
- Tragen, Schieben, Ziehen schwerer Gegenstände
- Gebückte Haltung, Bücken, beengte Platzverhältnisse; Staub/Schmutz

1.3.6 Zusammenhänge Mitarbeiterbefragung

Aufgrund der vorgängig erläuterten Punkte darf von folgenden Zusammenhängen ausgegangen werden:

- Die beiden am häufigsten genannten Beschwerden (Rückenschmerzen sowie Verspannungen/Verkrampfungen) haben ihren Ursprung unter anderem in den unter 1.3.5 genannten Belastungen, denn es ist erwiesen, dass beispielsweise häufig auszuführende, schwere Hebearbeiten zu Rückenbeschwerden führen können.
- Es ist anzunehmen, dass die psychischen Beschwerden durch die negativen Beurteilungen zur Zufriedenheit, dem Entscheidungsspielraum sowie der sozialen Unterstützung durch Vorgesetze gefördert werden.
- Diese negativen Beurteilungen könnten durch die am zweit- und drittmeisten genannten angegebenen Potentiale wie „bessere Arbeitsorganisation" und „besseres Führungsverhalten" positiv beeinflusst werden.
- Die angegebenen Belastungen und die dadurch begünstigten Beschwerden des Bewegungsapparates könnten durch das ebenfalls häufig erwähnte Potential der Umgestaltung des Arbeitsplatzes minimiert werden.
- Die Überalterung begünstigt das erhöhte Auftreten der genannten Beschwerden.

2 Ableitung Handlungsschwerpunkte

Folgende drei Handlungsschwerpunkte werden anhand der vorgängigen Analyse abgeleitet (absteigende Priorisierung):

- physikalische Gefährdungen minimieren und Umgebungsbedingungen optimieren
- Führung verbessern
- Körperliche Belastungen vermindern

2.1 Begründung

2.1.1 physikalische Gefährdungen minimieren und Umgebungsbedingungen optimieren

Die Risikoeinschätzung nach Nohl im Rahmen der Gefährdungsbeurteilung hat bei allen Arbeitsplätzen des Bereiches Logistik ein signifikantes oder hohes Risiko ergeben, womit Handlungsbedarf angezeigt oder sogar als dringend angesehen werden muss. Die Unfallzahlen sind zwar im Branchenvergleich gering, im bundesweiten Vergleich über die Branche hinaus aber eher hoch, was die Resultate der Gefährdungsbeurteilung widerspiegelt. Aus diesem Grund genießt dieses Handlungsfeld höchste Priorität. Da außerdem „Zugluft/Kälte", „häufiger Wechsel zwischen Wärme und Kälte" sowie

„Staub/Schmutz“ in der Mitarbeiterbefragung als stark belastend angegeben wurden, stehen die Inhalte „Gestaltung der Arbeitsstätte und des Arbeitsplatzes“ sowie „Physikalische Einwirkungen“ im Mittelpunkt der Betrachtung.

2.1.2 Führung verbessern

Die Arbeitnehmerzufriedenheit hat einen hohen Einfluss auf das Engagement und die Motivation der Mitarbeiter. Außerdem beeinflusst sie auch das Auftreten psychischer Beschwerden. Ist der Mitarbeiter mit seiner beruflichen Tätigkeit zufrieden, ist von einem sinkenden Krankenstand (geringerer Absentismus) und einer erhöhten Produktivität auszugehen. Auch ohne die Möglichkeit einer Zusammenhangsanalyse im Rahmen der Statistik (fehlende Datenlage) ist anzunehmen, dass die tiefe Mitarbeiterzufriedenheit unter anderem mit der negativen Beurteilung des Entscheidungsspielraumes sowie der geringen sozialen Unterstützung durch die Vorgesetzten zusammen hängt. Kann somit die Führung verbessert werden, wird sich auch die Mitarbeiterzufriedenheit verbessern, was die oben genannten Auswirkungen haben wird. Weiter ist dann auch von einer Senkung der psychischen Beanspruchung auszugehen.

2.1.3 Körperliche Belastungen vermindern

Die hohe Anzahl der Mitarbeitenden mit Beschwerden am Muskel-Skelett-Apparat (Rückenschmerzen, Verspannungen/Verkrampfungen) lassen den Schluss zu, dass die Beschwerden in Verbindung mit ihrer Tätigkeit am Arbeitsplatz stehen. Diese Vermutung wird, aufgrund fehlender Daten ohne die Anwendung einer Zusammenhangsanalyse im Rahmen der Statistik, durch die häufige Nennung der Belastungen „Schwere Hebearbeiten, körperlich schwere Arbeit“, „Tragen, Schieben, Ziehen schwerer Gegenstände“ sowie „Gebückte Haltung, Bücken, beengte Platzverhältnisse“ und die beinahe alarmierenden Ergebnisse der Gefährdungsbeurteilung bestätigt.

3 Erstellung einer Interventionsplanung zur Vorlage bei der Geschäftsleitung

3.1 Interventionsmaßnahmen

Im nachfolgenden werden tabellarisch zwei initiale Interventionsmaßnahmen beschrieben. Dabei bezieht sich Maßnahme 1 mit dem Namen „Starker Rücken – starker Mitarbeiter" auf die beiden Handlungsschwerpunkte „körperliche Belastungen vermindern" und „physikalische Gefährdungen minimieren und Umgebungsbedingungen optimieren" und setzt sich aus einer Arbeitsplatzbesichtigung zur Verbesserung der ergonomischen Gestaltung durch einen Physiotherapeuten, einem Einführungsvortrag für die Mitarbeiter und einer Schulung zum rückengerechten Arbeiten zusammen. Maßnahme 2 („Gesund führen") orientiert sich am Handlungsschwerpunkt „Führung verbessern" und besteht aus einem Informationsanlass sowie einem Workshop „Gesund führen" für Führungskräfte.

Tab. 4: Tabellarische Darstellung der beiden Maßnahmen

	Maßnahme 1: Kompaktschulung „Starker Rücken – starker Mitarbeiter"	Maßnahme 2: Führungskräfte-Workshops „Gesund führen"
Handlungsschwerpunkt	Körperliche Belastungen vermindern / physikalische Gefährdungen minimieren und Umgebungsbedingungen optimieren	Führung verbessern
Zielgruppe	Alle Mitarbeiter der Abteilung Logistik	Alle Führungskräfte der Abteilung Logistik
Zielsetzungen	- Sensibilisierung für die eigene Rückengesundheit - Veränderung des Gesundheitsverhaltens - Reduktion der körperlichen Beanspruchung - Verminderung der Beschwerden am Muskel-Skelett-Apparat (v.a. Rückenschmerzen und Verspannungen)	- Erhöhung der Führungskompetenzen - Sensibilisierung in Bezug auf die eigene Gesundheit und diejenige der Mitarbeiter - Höhere Mitarbeiterzufriedenheit - Höhere Motivation und stärkeres Engagement - Produktivitätserhöhung
Inhalte verhaltensbezogener Interventionen	- Einführungsvortrag à 30min (2 Vorträge à ca. 50 Mitarbeiter)) - 2x30min Schulung „Rückengerechtes Arbeiten" (12x2 Schulungen à 12-15 Mitarbeiter)	- Informationsanlass à 30min (alle Führungskräfte) - 4x 120min Workshop über einen Zeitraum von 8 Wochen (alle 2 Wochen; alle Führungskräfte)
Inhalte verhältnisbezogener Interventionen	Besichtigung Arbeitsplätze & Überprüfung der ergonomischen Gestaltung	keine

Zeitdauer der Maßnahme	12 Wochen	9 Wochen
Sonstiges	Verpflichtend; während der Arbeitszeit	Verpflichtend; während der Arbeitszeit

3.1.1 Begründung Maßnahme 1: „Starker Rücken – starker Mitarbeiter"

3.1.1.1 Zielgruppe

Da mehr als die Hälfte der Beschäftigten (54%) der Abteilung Logistik häufig unter Rückenschmerzen und beinahe die Hälfte (43%) unter Verspannungen und Verkrampfungen leiden und die Gefährdungsbeurteilung für die gesamte Abteilung Nohl-Werte zwischen 3 und 4 ergeben hat, wird mit dieser Maßnahme auch die gesamte Belegschaft der Abteilung angesprochen. Aufgrund des dringend angezeigten Handlungsbedarfes ist die Maßnahme außerdem für alle Mitarbeiter verpflichtend und findet während der Arbeitszeit statt.

3.1.1.2 Zielsetzungen

Eine elementare Voraussetzung auf dem Weg zu einer gesundheitsbewussten Belegschaft ist die Sensibilisierung der Mitarbeiter in Bezug auf ihre Gesundheit, im Speziellen auf die Gesundheit ihres Rückens. Wenn sie diesen, seine Funktionsweise und die korrekte, gesunde „Verwendung" des Rückens verstehen, sind langfristige Verhaltensänderungen in Bezug auf ihre Gesundheit möglich. Auf diese Weise vermindert sich die körperliche Beanspruchung, was wiederum die Beschwerden am Muskel-Skelett-Apparat reduziert. Weiter ist die Schaffung gestalterisch verbesserter Arbeitsplätze in Bezug auf die Ergonomie das Ziel

3.1.1.3 Inhalte verhaltensbezogene Interventionen

Die verhaltensbezogenen Inhalte setzen sich aus einem Einführungsvortrag à 30min sowie einer Schulung mit dem Titel „Rückengerechtes Arbeiten" zusammen. Ersterer wird innerhalb von 2 Wochen 2x durchgeführt, da in der Abteilung im Zwei-Schicht-System gearbeitet und so die Teilnahme aller Mitarbeiter ermöglicht wird. Inhaltlich wird dabei auf die Anatomie, die Funktionsweise der Wirbelsäule sowie die korrekte Haltung eingegangen.

Die Schulung „Rückengerechtes Arbeiten" dauert 2x30min im Abstand von 1 Woche, findet im Besprechungsraum des Betriebes statt und vermittelt den Mitarbeitern praxisnahes Wissen, um ihre Arbeitsaufgaben rückengerecht durchführen und die Belastungen auf den Bewegungsapparat gering halten zu können. Dabei wird die Schulung in Gruppen à 12-15 Personen 12x durchgeführt (insgesamt 24 Schulungseinheiten; Zeitraum: 8 Wochen), um die Inhalte der gesamten Abteilung vermitteln zu können.

3.1.1.4 Inhalte verhältnisbezogene Interventionen

Vor der Implementierung der verhaltensbezogenen Maßnahmen wird im Rahmen einer Arbeitsplatzbesichtigung jeder Arbeitsplatz in Bezug auf seine ergonomische Gestaltung von einem Physiotherapeuten überprüft und, falls notwendig, der Geschäftsleitung Verbesserungsvorschläge weitergegeben. Die Beurteilung und Umsetzung eben derer ist dann aber nicht Inhalt der jetzigen Maßnahme, sondern soll zu einem späteren Zeitpunkt, nach Beendigung der initialen Interventionsmaßnahmen erfolgen.

3.1.1.5 Zeitdauer der Maßnahme

Insgesamt wurden 12 Wochen veranschlagt:

Tab. 5: Zeitliche Aufteilung der Maßnahme 1

Teilmaßnahme	Dauer
Arbeitsplatzbesichtigung	2 Wochen
Einführungsvortrag	2 Wochen
Schulung „Rückengerechtes Arbeiten“	8 Wochen
Total	**12 Wochen**

3.1.2 Begründung Maßnahme 2: Führungskräfte-Workshop „Gesund Führen“

3.1.2.1 Zielgruppe

Um dem Handlungsschwerpunkt „Führung verbessern“ gerecht zu werden, muss das gesamte Kader in die Maßnahme miteinbezogen werden. Aus diesem Grund ist der Führungskräfte-Workshop für alle Führungskräfte verpflichtend und findet während der Arbeitszeit statt. Da im „Zusatzmaterial Hausarbeit BGM II“ keine Angaben über die Anzahl der Führungskräfte in der Abteilung Logistik zu finden sind, wird von 10 ausgegangen.

3.1.2.2 Zielsetzungen

Allgemein sollen die Führungskompetenzen verbessert werden. Die Führungskräfte sollen insbesondere über die Sensibilisierung in Bezug auf ihre eigene Gesundheit lernen, die Gesundheit der Mitarbeiter in ihr Führungsverhalten mit einzubeziehen. Dies erhöht die Mitarbeiterzufriedenheit, was sich wiederum positiv auf das Engagement und die Motivation auswirkt. Letztendlich sollen durch die Maßnahme die Produktivität steigen, die psychische Belastung der Mitarbeiter abnehmen sowie der Krankenstand, hauptsächlich aufgrund von Absentismus, reduziert werden.

3.1.2.3 Inhalte verhaltensbezogene Interventionen

Die Maßnahme startet mit einem Informationsanlass von 30min. Dabei werden die Führungskräfte über den Grund der Maßnahme sowie die groben Inhalte des Workshops informiert.

Der Workshop selbst dauert 4x 120min, wobei die einzelnen Einheiten im Abstand von 2 Wochen durchgeführt werden. Folgende Themen werden behandelt:

Tab. 6: Themen Workshop

Workshop	Thema
1	Was heißt „gesund sein"?
2	Wie wirke ich?
3	Was ist Führung?
4	Alle an einem Strick – wie motiviere ich?

3.1.2.4 Inhalte verhältnisbezogene Interventionen

Die Maßnahme setzt sich ausschließlich aus verhaltensbezogenen Interventionen zusammen, verhältnisbezogene Interventionen werden nicht eingesetzt.

3.1.2.5 Zeitdauer der Maßnahme

Die gesamte Maßnahme dauert 9 Wochen und ist zeitlich wie folgt aufgeteilt:

Tab. 7: Zeitliche Aufteilung der Maßnahme 2

Teilmaßnahme	Dauer
Informationsanlass	1 Tag
Workshop „Gesund führen"	8 Wochen
Total	**9 Wochen**

3.2 Projekt- und Ressourcenplanung

3.2.1 Zuständigkeiten

Nachfolgend werden die personellen Ressourcen und Zuständigkeiten tabellarisch dargestellt. Dabei sind sie den einzelnen Maßnahmen zugeordnet.

Tab. 8: Personelle Ressourcen und Zuständigkeiten zur Umsetzung von Maßnahme 1

Intervention	Personelle Ressource	Wird benötigt (für)
Starker Rücken – starker Mitarbeiter	Externer BGM-Dienstleister	Projektplanung
	Interner Projektleiter	Während des gesamten Projektes; Projektverantwortung, -Leitung und interne Koordination
	Beschäftigte	Teilnahme an den Maßnahmen
	Extern: Physiotherapeut	Durchführung Arbeitsplatzbegehung und Abklärungen in Bezug auf ergonomische Gestaltung
		Referent Einführungsvortrag
		Kursleiter „Rückengerechtes Arbeiten“
	Geschäftsleiter	Unterstützung bei Einführungsvortrag

Tab. 9: Personelle Ressourcen und Zuständigkeiten zur Umsetzung von Maßnahme 2

Intervention	Personelle Ressource	Wird benötigt (für)
Gesund führen	Externer BGM-Dienstleister	Projektplanung
	Interner Projektleiter	Während des gesamten Projektes; Projektverantwortung, -Leitung und interne Koordination
	Beschäftigte	Teilnahme an den Maßnahmen
	Geschäftsleiter	Unterstützung bei Informationsanlass
	Extern: Coach	Referent Informationsanlass
		Durchführung Workshops

3.2.1.1 Allgemein

Beide Maßnahmen stehen unter der Leitung ein und desselben internen Projektleiters. Dieser stammt aus dem Personalbereich, weist vorzugsweise Qualifikationen und Erfahrung, zumindest aber eine gewisse Affinität in Bezug auf das BGM auf und hat die Leitung des gesamten Projektes sowie deren Verantwortung und interne Koordination inne. Unterstützt wird er dabei vom externen BGM-Dienstleister.

Auch die Beschäftigten werden als personelle Ressource aufgeführt, da sie ja an den verschiedenen Maßnahmen teilnehmen.

3.2.1.2 Starker Rücken – starker Mitarbeiter

Für die Durchführung der Maßnahme wird eine Fachkraft in Form eines Physiotherapeuten engagiert. Somit ist das Vorhandensein des notwendigen Fachwissens sichergestellt. Dieser führt sowohl die Arbeitsplatzbesichtigung durch, hält den Einführungsvortrag und fungiert als Leiter bei der Schulung „Rückengerechtes Arbeiten“. Um der Belegschaft die Wichtigkeit der Thematik zu demonstrieren, wird der Geschäftsleiter zu Beginn des Einführungsvortrages einige Worte an die Teilnehmer richten.

3.2.1.3 Gesund führen

Auch für diese Maßnahme wird eine externe Person miteingebunden, die die notwendigen Fachkenntnisse besitzt, um eine erfolgreiche Durchführung zu gewährleisten. Diese referiert zum einen am Informationsanlass und führt zum anderen auch die Workshops durch. Beim Informationsanlass wird sie, aus den unter Punkt 3.2.1.2 erwähnten Gründen, durch den Geschäftsleiter unterstützt.

3.2.2 Budget

Anmerkung: Um eine möglichst realistische Kostenplanung vornehmen zu können, werden die Kosten pro Stunde der verschiedenen Ressourcen geschätzt.

3.2.2.1 Starker Rücken – starke Mitarbeiter

Nebst den personellen sind für die Durchführung der Maßnahme noch weitere Ressourcen notwendig:

Tab. 10: Zusätzliche Ressourcen zur Umsetzung von Maßnahme 1

Ressource	Wird benötigt (für)
finanziell	
Projektbudget	Laufzeit des Projektes
Freistellung Beschäftigte	Teilnahme an den angebotenen Maßnahmen während der Arbeitszeit
materiell	
Besprechungsraum	Durchführung Einführungsvortrag und Kurs „Rückengerechtes Arbeiten“

Kleinmaterial	Kurs „Rückengerechtes Arbeiten"

Aus den notwendigen Ressourcen ergibt sich folgende Kostenplanung für Maßnahme 1:

Tab. 11: Kostenplanung für die Nutzung erforderlicher Ressourcen zur Umsetzung von Maßnahme 1

Ressource	Kalkulierter Betrag für Nutzung der Ressource pro Stunde	Dauer Einsatz der Ressource	Kalkulierter Betrag gesamt
Geschäftsleiter	100 €	1h	100 €
Projektleiter (Führungskraft)	50 €	10h	500 €
Physiotherapeut (extern)	60 €	13h (Vortrag & Kurs) 20h (Arbeitsplatzbegehung)	780 € 1'200 €
97 Mitarbeiter (Teilnahme an Maßnahme)	30 € x 97 = 2'910 €	1.5h	4'365 €
10 Führungskräfte (Teilnahme an Maßnahme)	50 € x 10 = 500 €	1.5h	750 €
Besprechungsraum	15 €	13h	195 €
Kleinmaterial	-	-	300 €
BGM-Dienstleister (extern)	120 €	10h	1'200 €
Gesamt			**9'390 €**

Für den Geschäftsleiter werden 100 € pro Stunde kalkuliert. Dieser ist im Rahmen der Maßnahme 1 nur bei den beiden Einführungsvorträgen à 30min involviert. Der Projektleiter hingegen wird mit 50 € pro Stunde kalkuliert, für die Projektierung der Maßnahme wird mit einem Zeitaufwand von 10 Stunden gerechnet. Der externe Physiotherapeut, welcher sowohl die Vorträge und die Schulung anleitet und die Arbeitsplatzbesichtigung durchführt, wird ein Stundenansatz von 60 € und 33h Arbeitsaufwand budgetiert.
Da in der Abteilung Logistik von 97 Mitarbeitern und 10 Führungskräften ausgegangen wird und der Einführungsvortrag und die Schulung während der Arbeitszeit absolviert werden, werden „Ausfallkosten" für die Führungskräfte und die Mitarbeiter budgetiert. Weiter fallen noch Kosten für den Besprechungsraum und das Kleinmaterial für die Schulung an. Abgerundet wird das Budget durch die Kosten für den externen BGM-Dienstleister. Dies ergibt total budgetierte Kosten von 9'390 € für die Maßnahme 1.

3.2.2.2 Gesund führen

Die finanziellen und materiellen Ressourcen für die Maßnahme 2 setzen sich wie folgt zusammen:

Tab. 12: Zusätzliche Ressourcen zur Umsetzung von Maßnahme 2

Ressource	Wird benötigt (für)
finanziell	
Projektbudget	Laufzeit des Projektes
Freistellung Führungskräfte	Teilnahme an den angebotenen Maßnahmen während der Arbeitszeit
materiell	
Besprechungsraum	Durchführung Informationsanlass und Workshop „gesund führen“

Aus den notwendigen Ressourcen ergibt sich folgende Kostenplanung für Maßnahme 2:

Tab. 13: Kostenplanung für die Nutzung erforderlicher Ressourcen zur Umsetzung von Maßnahme 1

Ressource	Kalkulierter Betrag für Nutzung der Ressource pro Stunde	Dauer Einsatz der Ressource	Kalkulierter Betrag gesamt
Geschäftsleiter	100 €	0.5	50 €
Projektleiter (Führungskraft)	50 €	10h	500 €
Coach (extern)	120 €	8.5h (Informationsanlass & Workshop)	1‘020 €
10 Führungskräfte	50 € x 10 = 500 €	8.5h	4‘250 €
Besprechungsraum	15 €	8.5h	128 €
BGM-Dienstleister (extern)	120 €	10h	1‘200 €
Gesamt			**7‘148 €**

Da der Geschäftsführer an der Informationsveranstaltung teilnimmt, findet dieser Eingang in die Budgetierung. Weiter wird, wie bei Maßnahme 1, der Projektleiter mit 50 € pro Stunde und einem Zeitaufwand von 10 Stunden budgetiert. Der externe Coach, welcher den Informationsanlass und den Workshop anleitet, wird mit einem Stundenansatz von 120 € budgetiert. Weiter werden die Arbeitsausfallkosten der Führungskräfte sowie die Kosten für den Besprechungsraum und den BGM-Dienstleister berücksichtigt, was total budgetierte Kosten von 7‘148 € für Maßnahme 2 ergibt.

3.2.2.3 Projektkosten

Tab. 14: Kostenplanung Projekt, bestehend aus Maßnahme 1 & 2

Maßnahme	Geplante Kosten
Maßnahme 1: starker Rücken, starker Mitarbeiter	9'390 €
Maßnahme 2: Gesund führen	7'148 €
Total	**16'538 €**

Summiert man die Kosten der beiden Maßnahmen, ergeben sich Projektkosten von 16'538 €. Betrachtet man externe und interne Kosten, ergibt sich folgende Aufteilung:

Tab. 15: Aufteilung der Projektkosten nach externen und internen Kosten

Ressourcen extern	Kosten extern	Ressourcen intern	Kosten intern
Physiotherapeut	1'980 €	Geschäftsleiter	150 €
Coach	1'020 €	Projektleiter (Führungskraft)	1'000 €
BGM-Dienstleister	2'400 €	97 Mitarbeiter (Teilnahme an Maßnahme 1)	4'365 €
		10 Führungskräfte (Teilnahme an Maßnahme 1 & 2)	5'000 €
		Besprechungsraum	323 €
		Kleinmaterial	300 €
Gesamtkosten extern	**5'400 €**	**Gesamtkosten intern**	**11'138 €**

3.2.3 Gliederung des Projektes: Projektplan

Die Durchführung beider Maßnahmen in derselben Zeitspanne könnte zu zeitlichen Problemen bei den Führungskräften führen, da diese an beiden Maßnahmen teilnehmen müssen. Selbstverständlich ruht die eigentliche Arbeit in dieser Zeit nicht und muss trotzdem erledigt werden. Deshalb finden die Maßnahmen zeitlich versetzt statt, um den zeitlichen Druck auf die Führungskräfte möglichst gering zu halten.

Nachfolgend wird der Projektplan grafisch dargestellt. Da eine Interventionsplanung erst nach Abschluss der Analysephase sinnvoll ist, wird davon ausgegangen, dass zum Zeitpunkt der Vorstellung der initialen Interventionsmaßnahmen die Bedarfsbestimmung sowie die Analysephase schon abgeschlossen ist. Da weiter die Evaluation Thema des kommenden Bearbeitungspunktes ist, wird im Rahmen des Projektplanes hauptsächlich auf die Interventionsplanung und die Interventionsphase eingegangen. Dies wird mit den roten Linien im Plan symbolisiert. Es wird davon ausgegangen, dass die Analyseergebnisse anfangs November 2011 vorliegen.

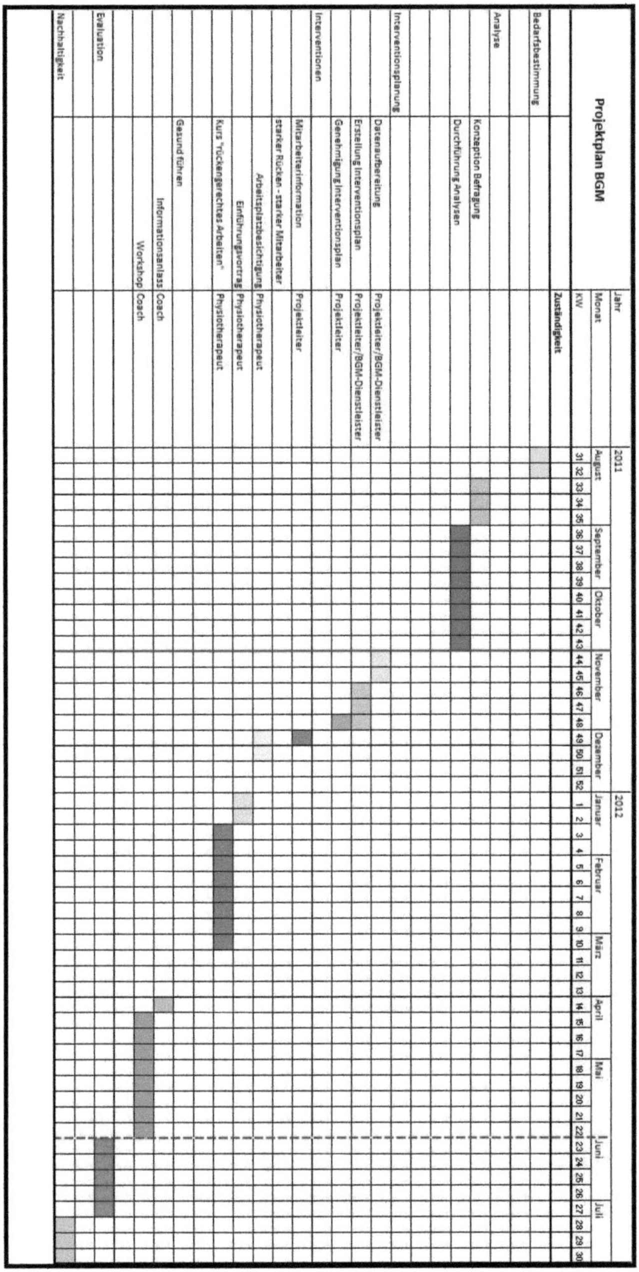

Abb. 1: Projektplan

Die Ausgangslage präsentiert sich wie folgt: Nach der Bedarfsbestimmung und der Konzeption der verschiedenen Analysen im August 2011 wurden die Analysen im September und Oktober 2011 durchgeführt. Die Daten wurden dann im November im Zuge der Interventionsplanung durch den Projektleiter in Zusammenarbeit mit dem externen BGM-Dienstleister aufbereitet.

Nun wurde ein Interventionsplan erstellt, welcher Ende November unter der Zuständigkeit des Projektleiters durch den Geschäftsleiter oder den Arbeitskreis Gesundheit abgesegnet wird. Anfangs Dezember wird dann die Belegschaft über die anstehenden BGM-Maßnahmen per E-Mail informiert. In derselben Woche beginnt die Maßnahme „starker Rücken – starker Mitarbeiter" mit der Arbeitsplatzbesichtigung durch den Physiotherapeuten, welche zwei Wochen dauert. Danach finden während den letzten beiden Wochen des Jahres aufgrund der Feiertage keine Interventionen statt. In den ersten beiden Januarwochen werden dann die zwei Einführungsvorträge abgehalten, an welche sich in den 8 darauf folgenden Wochen gleich die Schulung „Rückengerechtes Arbeiten" anschließt und bis in die erste Märzwoche dauert. Danach finden aufgrund der Frühlingsferien 3 Wochen keine Interventionen statt. In der letzten Märzwoche beginnt dann die Maßnahme „Gesund führen" mit dem Informationsanlass für die Führungskräfte, auf welchen gleich im Anschluss der achtwöchige Workshop folgt. Die Intervention endet somit Ende Mai. Der Juni ist dann für die Evaluation reserviert, an welche sich die Phase der Nachhaltigkeit anschließt.

4 Diskussion und Probleme der Evaluation

4.1 Definition

Evaluation kann mit „Bewertung" übersetzt werden und beschreibt nicht nur ein bestimmtes Handeln, das die Gewinnung von Informationen und die Bewertung ebendieser zum Ziel hat, sondern auch das Ziel dieses Prozesses. Evaluation dient nicht ausschließlich dem Erkenntnisinteresse, sondern soll dazu beitragen, Prozesse transparenter zu machen, Wirkungen zu dokumentieren und Zusammenhänge aufzuzeigen, aufgrund dessen dann Entscheidungen getroffen werden können (beispielsweise, um den Output zu erhöhen). Evaluationen dienen somit in erster Linie dazu, Informationen für anstehende Entscheidungen über bestimmte Prozesse zu beschaffen. Die Bewertung orientiert sich jedoch nicht an festen Normen, sondern an Kriterien, welche sehr unterschiedlich sein können und durch den Auftraggeber der Evaluation, den Evaluator selbst oder durch beide zusammen definiert werden (Stockmann, 2006, S. 65ff).

Evaluationen werden in Struktur-, Prozess- und Ergebnisevaluation unterschieden. Bei der Strukturevaluation stehen im Wesentlichen die Bewertung der Rahmenbedingungen und die zu Verfügung stehenden Ressourcen im Fokus, während dem die Prozessevaluation für eine periodische Rückmeldung während des Prozesses sorgt. Die Ergebnisevaluation schließlich stellt Informationen über die Zielerreichung bereit (RKW Kompetenzzentrum, 2015).

4.2 Evaluation des BGM-Projektes

Es bestehen folgende Möglichkeiten zur Evaluation des BGM-Projektes:

Tab. 16: Möglichkeiten zur Evaluation des BGM-Projektes

Analysen	Mögliche Evaluation	Begründung
Mitarbeiterbefragung	Strukturevaluation	Überprüfung der Rahmenbedingungen und der Ausgangssituation
Gefährdungsbeurteilung	Strukturevaluation	Überprüfung der Rahmenbedingungen und der Ausgangssituation
Maßnahmen	**Mögliche Evaluation**	**Begründung**
Maßnahme 1: starker Rücken – starker Mitarbeiter	Ergebnisevaluation	Ergebnis bewerten
Maßnahme 2: Gesund führen	Ergebnisevaluation	Ergebnis bewerten
	Prozessevaluation	Bewertung und ggf. Anpassung des Workshops

Bei den beiden Analysen (Mitarbeiterbefragung und Gefährdungsbeurteilung) kann eine Strukturevaluation durchgeführt werden, um die Rahmenbedingungen und die Ausgangssituation zu überprüfen und gegebenenfalls und wenn möglich anzupassen. Bei den beiden Maßnahmen wäre eine klassische Ergebnisevaluation mittels Pre-Post-Test möglich. Dabei würde nach Beendigung der Maßnahmen die Mitarbeiterbefragung wiederholt und die kodierten Daten der beiden Befragungen miteinander verglichen. Bei der Maßnahme 2 wäre außerdem noch eine Prozessevaluation möglich, beispielsweise indem nach jeder Workshop-Einheit eine kurze Teilnehmerbefragung durchgeführt wird.

4.2.1 Mögliche Probleme

Ein Problem bei der Evaluation sind mögliche Störgrößen, was vor allem die Bewertung hinsichtlich der Wirksamkeit der BGM-Maßnahmen sehr schwierig macht. So lässt sich beispielsweise kaum überprüfen, ob der bei der Nachbefragung gemessene verbesserte Gesundheitszustand der Mitarbeiter wirklich von der Maßnahme her rührt, oder ob der Grund nicht anderswo zu suchen ist. So sind die Menschen zum Beispiel im Winter aufgrund des vermehrten Auftretens viraler Infekte häufiger krank als im Sommer. Wird nun die erste Befragung im Winter, die zweite im Sommer durchgeführt, könnte sich die Gesundheitssituation der Testgruppe nur schon aufgrund dieser Tatsache verbessert haben.

Weiter können auch tiefe Teilnahmequoten zu einem verfälschten Ergebnis führen und eine zusätzliche Schwierigkeit stellt die Tatsache dar, dass die Wirkung häufig zeitlich versetzt zur Maßnahme eintritt, die zweite Messung zu früh oder zu spät durchgeführt und die Auswirkungen der Maßnahme noch nicht eingetreten oder schon wieder verpufft sind.

Werden mehrere Maßnahmen gleichzeitig durchgeführt, ist aufgrund der Tatsache, dass diese meist multipel wirken, eine klare Zuordnung von Maßnahme und Wirkung nur schwer möglich.

Eine finanzielle Evaluation von BGM-Maßnahmen ist außerdem schwierig, da sich gesundheitliche Nutzeneffekte wie die Verminderung von Risikofaktoren nur schwer in monetäre Größen umrechnen lassen.

Eine Evaluation in Bezug auf die Wirksamkeit der BGM-Maßnahmen ist daher aus den vorgehend genannten Gründen schwierig.

5 Literaturverzeichnis

Brandenburg, U., & Nieder, P. (2009). *Betriebliches Fehlzeiten-Management: Instrumente und Praxisbeispiele für erfolgreiches Anwesenheits- und Vertrauensmanagement.* Wiesbaden: Gabler.

Bundesanstalt für Arbeitsschutz und Arbeitsmedizin „BAUA". (2011): *Sicherheit und Gesundheit bei der Arbeit 2010: Unfallverhütungsbericht Arbeit.* Dortmund/Berlin/Dresden: Bundesministerium für Arbeit und Soziales.

Bundesministerium für Gesundheit. (2014): *Arbeitsunfähigkeit: Monatlicher Krankenstand 1970 bis Oktober 2014.* Bonn: Bundesministerium für Gesundheit. Zugriff am 04.10.2015 unter https://www.bundesgesundheitsministerium.de/fileadmin/dateien/Downloads/Statistiken/GKV/Mitglieder_Versicherte/Krankenstand_Okt_2014.pdf

Bundesministerium für Justiz und Verbraucherschutz. (1994). *Gesetz über die Zahlung des Arbeitsentgelts an Feiertagen und im Krankheitsfall: (Entgeltfortzahlungsgesetz.* Bergisch Gladbach: Heider.

Elke, G. (2000). *Management des Arbeitsschutzes.* Wiesbaden: Springer

Nohl, J. & Thiemecke, H. (1988a): *Systematik zur Durchführung von Gefährdungsanalysen. Teil 1: Theoretische Grundlagen.* Schriftenreihe der Bundesanstalt für Arbeitsschutz. Bremerhaven: Verlag für neue Wissenschaften GmbH

RKW Kompetenzzentrum. (2015): *Evaluation.* Eschborn: RKW-Kompetenzzentrum. Zugriff am 04.10.2015 unter http://www.infoline-gesundheitsfoerderung.de/ca/j/heg/

Stockmann, R. (2006): *Evaluation und Qualitätsentwicklung: Eine Grundlage für wirkungsorientiertes Qualitätsmanagement.* Münster: Waxmann

Techniker Krankenkasse. (2012): *Gesundheitsreport 2012: Veröffentlichungen zum Betrieblichen Gesundheitsmanagement der TK.* Band 27. Hamburg: TK

6 Abbildungs- und Tabellenverzeichnis

6.1 Abbildungsverzeichnis

6.2 Tabellenverzeichnis

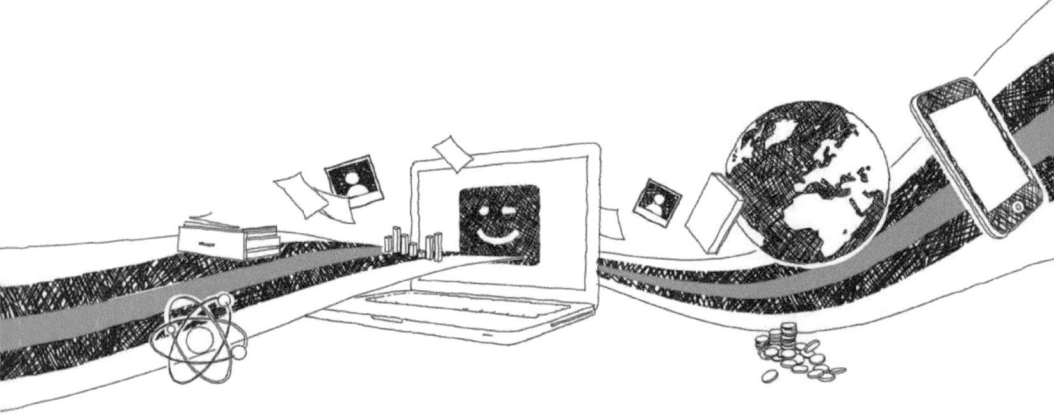

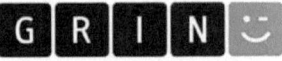